BASÍLICA DE APARECIDA

A FÉ PELA ARTE

PREFÁCIO

Wilma Tommaso*

O projeto arquitetônico e artístico do Santuário Nacional de Nossa Senhora da Conceição Aparecida foi idealizado pelos Missionários Redentoristas, junto ao clero brasileiro, em uma visão pós-Vaticano II. Os artistas convidados a realizar esse trabalho seguem as decisões conciliares do Concílio Ecumênico Vaticano II e as cartas pós-Concílio como indicação da vocação da Igreja que aspira a manifestar a Beleza que é Cristo.

A arte proposta no Concílio Vaticano II serve a liturgia, a chamada arte litúrgica que não é uma novidade, pois o Concílio convida a ir às fontes, isto é, a conhecer mais de perto como foi a arte no Primeiro Milênio cristão: a arte paleocristã, Bizantina e a Românica, mas não como uma volta ao passado, um saudosismo, não! O Concílio Vaticano II fala para a contemporaneidade, pede que se faça um *aggiornamento*, uma atualização. Por quê? A arte dos primeiros séculos da Igreja foi concebida pelos Santos Padres que conheciam profundamente as Escrituras e a Tradição, criou-se, assim, uma teologia visual, um patrimônio de imagens espirituais com profundo sentido teológico. As paredes das igrejas descreviam em imagens o que acontecia na celebração litúrgica. A Palavra tornou-se visível, portanto, uma teologia visual.

Dentre as escolhas dos Redentoristas, destaca-se o artista sacro Cláudio Pastro (1948-2016), pois seu projeto, junto com muitos colaboradores, revestiu internamente grande parte da Basílica: piso, altar, painéis de azulejos, Capela dos Apóstolos, Capela da Velas, Capela do Santíssimo, Capela do

Batismo, Capela da Ressurreição, Cúpulas, baldaquino e o lindo trono da Santa Mãe de Deus, Aparecida no rio Paraíba do Sul em 1717, aquela pequena Imagem que deu origem à grande devoção do povo brasileiro. Toda essa beleza está detalhada e apresentada nas imagens deste belo livro.

Nos traços de Pastro, percebemos a inspiração na arte primitiva cristã, a dignidade hierática do ícone bizantino, traços e cores da arte Românica e a modernidade de vários artistas, dentre eles os traços do artista francês Henri Matisse (1869-1954). Todas essas são fontes da arte sacra cristã contemporânea, mas não as únicas, pois onde há amor e verdade, há Deus e beleza.

Pastro, ciente de que o Santuário Nacional é lugar de comunhão do cristão romeiro, juntou com elegância a piedade popular e a sagrada liturgia proposta pelo Concílio Vaticano II, de forma que quem entra na Basílica se sinta atraído por uma beleza essencial e, mesmo sem entender por que, contempla, se ajoelha e reza!

Nos primeiros séculos do cristianismo, os Santos Padres entenderam o que São João Evangelista escreveu: "O que era desde o começo, o que nós ouvimos, o que vimos com nossos olhos, o que contemplamos e o que nossas mãos tocaram do Verbo da vida – pois a Vida se manifestou, nós a vimos, dela damos testemunho e vos anunciamos esta Vida eterna, que estava diante do Pai e nos apareceu" (1Jo 1,1-2). Olhar e ouvir tornam-se cúmplices da experiência humana vital de Deus.

Cláudio Pastro considera que arte é teologia, por isso elaborou uma linguagem e expressão artística da qual a Palavra de Deus pode se aproximar. O artista sacro não pretende simplesmente ilustrar um episódio bíblico, limitando o significado das imagens das igrejas ao seu valor catequético, pois a tradição cristã, especialmente a oriental, apresenta uma arte que se preocupa em mostrar o conteúdo, o Mistério, não apenas com a descrição dele. Essa arte tem o propósito de evocar uma Presença, abrir-se para o Mistério, dar continuidade à obra da encarnação da Palavra graças ao Espírito Santo que nos permite contemplar a face desta Palavra, Jesus Cristo Deus e Homem. É essa a missão de um artista sacro, mostrar, fazer ver o que está revelado nas Sagradas Escrituras.

O livro que o Santuário nos apresenta é um guia que pode conduzir o olhar a perceber aspectos que ainda não foram observados, a apreender o que está além do que é fotografado, esse é o serviço que a arte sacra presta à liturgia, manifestar pelo que é visível, o invisível, o que só é possível em linguagem simbólica.

A linguagem simbólica, retamente entendida, nos afasta da falsa questão do retrato palpável, apreendido pelos nossos sentidos, mas nos atrai para um caminho interior, rumo ao Cristo ressuscitado que está para voltar. A dinâmica do símbolo é, em tudo e por tudo, idêntica à dinâmica da liturgia. É o Espírito Santo que nos torna capazes de ver sua obra e sempre libera uma ação em direção a Cristo. "Embebei-vos do Espírito, bebamos Cristo", nos diz no século III Santo Atanásio (296-373). Aquele modo de olhar que Cristo nos ensina, não segundo a carne, mas segundo o Espírito (2Cor 5,16), nos doa, ao mesmo tempo, também o olhar para o Pai. A Igreja é o lugar pelo qual todo homem redescobre o acesso ao Pai e se torna um filho de Deus em seu povo.

O artista sacro que se compromete a revestir uma igreja, que prepara o espaço litúrgico, não cria coisas estranhas, subjetivas, não quer mostrar seu virtuosismo. Com esse cuidado foram escolhidos os artistas do maior Santuário Mariano do mundo.

Desde o princípio a arte esteve sempre junto ao cristianismo. Por quê? Porque a verdadeira Beleza, que é Cristo, não é estética, nem filosófica, nem racionalista, mas uma forma de conhecimento, pois nos atrai com a grandeza da verdade.

O verdadeiro conhecimento é alcançado pelo dardo da beleza que fere o homem, para ser tocado pela realidade, pela presença pessoal do próprio Cristo em sua Paixão, Morte e Ressurreição. Ser afetado e conquistado por meio da beleza de Cristo produz um conhecimento mais real e profundo do que a mera dedução racional. A proposta da arte litúrgica apresentada no Santuário de Aparecida é levar quem contempla a ter uma experiência de fé.

Todos conhecem a famosa frase de Dostoiévski: "A beleza salvará o mundo", mas, na maioria dos casos, esquecemos de lembrar que ele se refere à beleza redentora de Cristo. Temos que aprender a vê-lo. Se conhecermos Cristo não apenas em palavras, mas por sua pela beleza paradoxal da cruz, ganharemos o verdadeiro conhecimento d'Ele e o conheceremos não só por ter ouvido outros falarem. Então teremos encontrado a beleza da verdade, da verdade redentora. Nada pode nos aproximar do contato com a beleza do próprio Cristo do que o mundo da beleza criado pela fé e pela luz que brilha diante dos Santos, através do qual sua própria Luz se torna visível.

Caro leitor, esta obra, com linguagem simples e muitas imagens, o ajudará a entender profundamente a arte apresentada no Santuário Nacional de Nossa Senhora da Conceição Aparecida e é, também, um estímulo para que, além de contemplar a arte, seus olhos espirituais se abram para que você vislumbre a verdadeira beleza.

Boa leitura!

*Wilma Tommaso é Doutora em Ciências da Religião (PUC-SP) e pesquisadora do Labô — Laboratório de Política, Comportamento e Mídia, da Fundação São Paulo.

O ESPAÇO SAGRADO E A CELEBRAÇÃO DO MISTÉRIO

Cláudio Pastro

A Basílica de Aparecida é um edifício imperial com formas definidas que revelam a função de celebrar o Mistério Pascal, a entrega de Jesus Cristo na cruz pela humanidade e sua ressurreição e plenitude de vida no Espírito Santo.

Toda a concepção da igreja é simbólica. As formas do edifício, os materiais, as cores e os pisos são a continuidade do Mistério manifestado na liturgia. A arte sacra presente na Casa de Nossa Senhora Aparecida expressa a beleza, a verdade e a misericórdia de Deus. Sua Amada, a Igreja, vem conviver com seu Esposo e aprender a festejar a alegria de sua Salvação. O corpo místico do Cristo se revela na assembleia reunida.

A arte sacra expressa os mistérios de Jesus Cristo – Páscoa, Natal, Advento, Pentecostes – e coloca estes elementos nas paredes, músicas e nos paramentos dos ministros ordenados. É a arte que celebra Deus, o criador de tudo e de todos. Para compor as artes que estão na Basílica de Aparecida e as cenas da vida de Jesus, os textos do Evangelho são utilizados.

A arte é delineada e a cores colocadas. A preocupação é com o fato de que Deus intervém na vida e na história. É a arte em forma e em cor, como uma escritura na parede.

Jesus Cristo é o centro da Redenção, Ele se entrega e salva a humanidade. Não é só o homem de Nazaré, mas o próprio Deus que se tornou Homem. Ele se apresenta na sua morte com total dignidade e isto Ele mesmo menciona no Evangelho: ***"É por isso que o Pai me ama: porque dou minha vida para retomá-la de novo. Ninguém pode tirá-la de mim; eu a dou livremente. Tenho poder de entregá-la e poder de retomá-la. Este é o preceito que recebi de meu Pai" (Jo 10,17-18)***. O conjunto arquitetônico do Santuário de Aparecida sugere a ideia de montanha, cidadela, fortaleza. Foram nos montes Sinai, Tabor e Gólgota, entre outros, que aconteceram as manifestações de Deus para conosco. Seu interior simboliza a gruta, o útero no qual é gerado a vida nova.

No espaço da Basílica, o Cristo se apresenta como Senhor do Cosmo e do Tempo. A cruz, pendente da grande Cúpula Central, é o eixo em torno do qual orbitamos. O ministério da redenção do Cristo é o centro, o referencial novo da história humana e do seu desígnio.

A concepção do espaço interno da Basílica reflete, em suas cores e formas, o Jardim do Éden, o Paraíso recuperado pelo Cristo, o Novo Adão. A água da vida brota do altar como fonte e jorra em direção aos quatro cantos da Terra, envolvendo toda a Basílica nas formas dos pisos e barrados. Assim, este espaço, como um oásis, é lugar de vida, repouso e peregrinação.

O tijolo, que reveste a maior parte da Basílica, simboliza a imagem da Mãe de Deus, que aparece no rio Paraíba do Sul, em 1717. A Virgem Aparecida feita de barro cozido, assim como o tijolo, remete que o homem é feito do barro à imagem e semelhança de Deus. Portanto, a terra em que vivemos é matéria divina.

As formas geométricas do interior da Basílica – arcos, esferas e quadrados – revelam uma cidade edificada. Nela, Deus acolhe seus filhos e os protege em uma cidade que difere das cidades terrenas. Deus é a fortaleza da qual a Basílica de Aparecida é apenas uma imagem.

Cláudio Pastro (1948 - 2016)

FI
AT

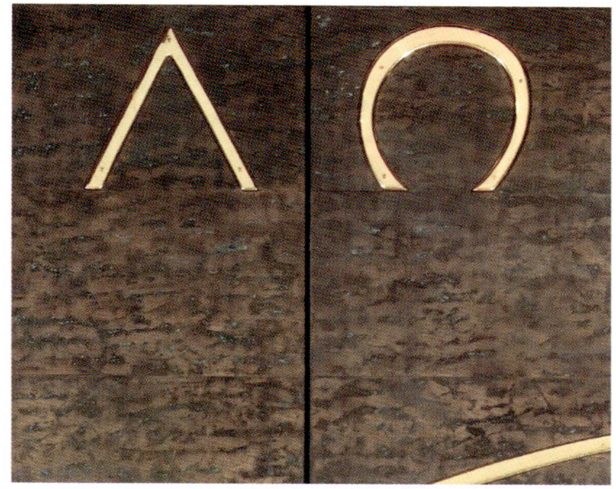

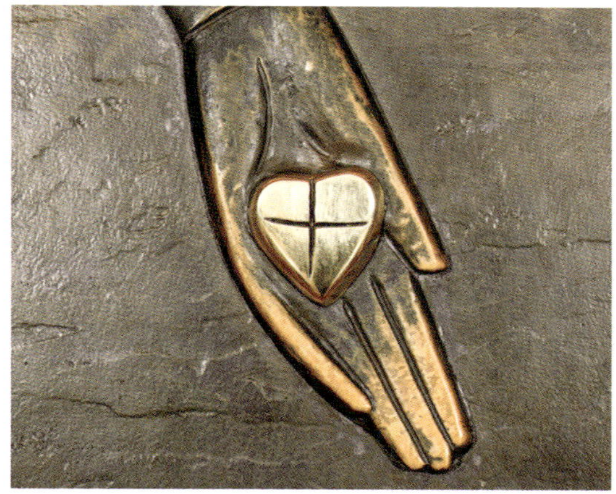

“E agora estão nossos pés dentro de tuas portas, Jerusalém!”

(Sl 122,2)

PORTA PRINCIPAL

No livro do Apocalipse, São João vê descer dos céus a Jerusalém Celeste: a Cidade Santa, "pronta como noiva adornada para o esposo" (Ap 21,2). Nela, Deus habita com os homens e nela está a glória de Deus, refletida em seu esplendor e perfeição. É ela a esposa do Cordeiro, e o Senhor é o seu único templo, "Deus soberano do universo" (Ap 21,22).

A Casa de Nossa Senhora Aparecida é desenhada como imagem da Jerusalém Celeste. Nela, os peregrinos são convidados a passar da Babilônia Externa para uma nova realidade; um lugar de encontro com Cristo em que cada elemento reflete a manifestação do Senhor, que se fez homem, e oferece a Redenção a todos os que o acolhem.

Deus se manifesta nesta acolhida humilde e sincera. Jamais impõe. Isto se faz verdadeiro na visita à Virgem Maria, quando o Arcanjo Gabriel ofereceu o convite à humilde mulher nazarena para dar a vida humana ao Filho de Deus: "Com efeito, Deus tanto amou o mundo que lhe deu seu Filho unigênito, para que não morra quem nele crê, mas tenha a vida eterna" (Jo 3,16).

Com essa imagem, o Santuário Nacional, em sua Porta Principal, acolhe os romeiros que se dirigem à Casa da Mãe Aparecida. A obra, confeccionada em bronze pelo artista sacro Cláudio Pastro, foi aberta em 13 de dezembro de 2015 por ocasião do Ano da Misericórdia, proclamado pelo Papa Francisco. Em seu lado externo está a imagem do Arcanjo que traz em sua mão o coração, símbolo da misericórdia do Pai para com a humanidade e do Amor de Deus, bem mais precioso oferecido a seus filhos.

A Virgem Maria, mulher vazia de si mesma e aberta à vontade de Deus, traz na mão a palavra latina *Fiat*: faça-se! Os detalhes em ouro retratam as asas do Arcanjo e a proteção de Deus sobre seu povo. Acima da Anunciação, o Alfa e o Ômega lembram Cristo e a verdadeira passagem oferecida aos fiéis: "Eu sou a porta: se alguém entra por mim, será salvo" (Jo 10,9).

A Porta relembra também a reconciliação, o acolhimento do filho pródigo pelo Pai, plena imagem do perdão, na parte interna esquerda. "Estava morto e reviveu, estava perdido e foi encontrado" (Lc 15,32). Abaixo, os porcos retratam a vida mundana que o filho abandonou ao se dirigir ao Pai. Ao lado está a oração por Jerusalém: cidade bem edificada, objetivo da peregrinação e símbolo de unidade da Igreja. No Salmo, manifesta-se a alegria da chegada ao Santuário: "Eu me alegrei com os que me disseram: 'Vamos à casa de Javé!'"(Sl 122). Acima, a lua representa o reflexo de Deus na humanidade.

A imagem do Bom Pastor traz consigo a iniciativa de Deus no lado interno direito. É ele quem busca o homem, é do Senhor que sai a iniciativa. "Eu sou o bom pastor. O bom pastor dá a vida pelas ovelhas" (Jo 10,11). Abaixo, as quatro ovelhas lembram os quatro cantos do universo e o chamado da Redenção a toda a humanidade: "As ovelhas o seguem porque conhecem sua voz" (Jo 10,4). O sol acima da imagem representa o próprio Senhor; e o Salmo 99 lembra o sentido do pertencimento da Criação ao Senhor, seu Deus: "Ele nos fez e nós somos seus, seu povo e rebanho de que ele cuida".

Na Porta Principal, recordatório do Amor e da Misericórdia do Pai, o ato de passar se faz presente: uma vida nova oferecida por Cristo, que manifestou sua eterna bondade pela sua paixão na Cruz e sua ressurreição.

Esta verdadeira Páscoa – em hebraico, passagem –, verdadeira fonte de salvação, é lembrança de que Cristo, Deus feito homem e sendo novo Adão, abriu as portas do Paraíso para todos os seus filhos.

O que Deus guarda para a humanidade é ainda maior que o paraíso do Éden; e foi Jesus, o Santíssimo Redentor, quem revelou esta realidade aos filhos tão amados de Deus.

A Casa da Mãe busca refletir essa realidade aos romeiros que, com oração, devoção e uma profunda fé, unidos ao amor da Santíssima Mãe de Deus, fazem do Santuário uma manifestação desta Esperança que habita em cada um dos cristãos. Afinal, são os próprios romeiros que, frequente e carinhosamente, apelidam o Santuário Nacional de "pedacinho do céu".

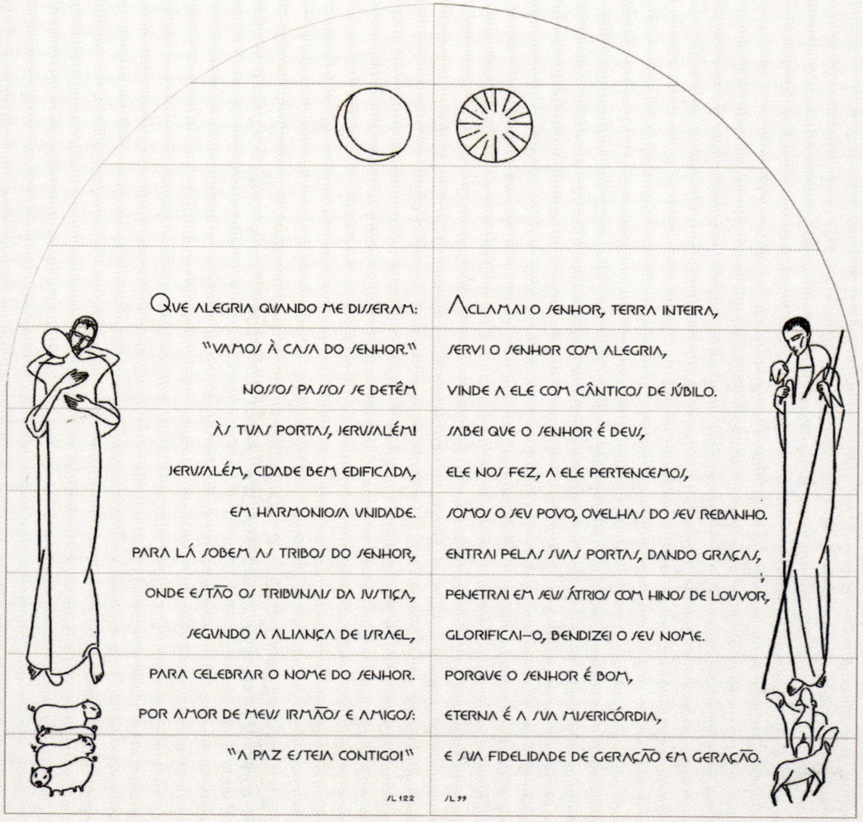

QUE ALEGRIA QUANDO ME DISSERAM:
"VAMOS À CASA DO SENHOR."
NOSSOS PASSOS SE DETÊM
ÀS TUAS PORTAS, JERUSALÉM!
JERUSALÉM, CIDADE BEM EDIFICADA,
EM HARMONIOSA UNIDADE.
PARA LÁ SOBEM AS TRIBOS DO SENHOR,
ONDE ESTÃO OS TRIBUNAIS DA JUSTIÇA,
SEGUNDO A ALIANÇA DE ISRAEL,
PARA CELEBRAR O NOME DO SENHOR.
POR AMOR DE MEUS IRMÃOS E AMIGOS:
"A PAZ ESTEJA CONTIGO!"
SL 122
ACLAMAI O SENHOR, TERRA INTEIRA,
SERVI O SENHOR COM ALEGRIA,
VINDE A ELE COM CÂNTICOS DE JÚBILO.
SABEI QUE O SENHOR É DEUS,
ELE NOS FEZ, A ELE PERTENCEMOS,
SOMOS O SEU POVO, OVELHAS DO SEU REBANHO.
ENTRAI PELAS SUAS PORTAS, DANDO GRAÇAS,
PENETRAI EM SEUS ÁTRIOS COM HINOS DE LOUVOR,
GLORIFICAI-O, BENDIZEI O SEU NOME.
PORQUE O SENHOR É BOM,
ETERNA É A SUA MISERICÓRDIA,
E SUA FIDELIDADE DE GERAÇÃO EM GERAÇÃO.
SL 99

GERAÇÃO.

BREVE CRONOLOGIA DA CONSTRUÇÃO DO SANTUÁRIO NACIONAL

“Humildemente ela surge das águas do Paraíba... levam-na para anônima cabana dos pescadores... rezam-lhe num oratório tosco... erguem-lhe singela capelinha... recebe nova igreja no Morro dos Coqueiros... Seu Santuário é elevado à Basílica... colocam-lhe na fronte preciosa coroa de Rainha... e por fim é proclamada solenemente Padroeira do Brasil!

É justo levantar-lhe um Palácio Real.

Uma verdadeira Basílica – “Aula Régia” – que seja das maiores igrejas do mundo, pois que não sabemos que alguém na Terra mais ame Nossa Senhora que seus filhos do Brasil” – (Dom Antonio A. Siqueira, A Seta, 1954).

Em 1717,

João Alves, Felipe Pedroso e Domingos Garcia foram pescar no rio Paraíba do Sul. Durante toda a noite tentaram, por diversas vezes, recolher peixes com suas redes. Estas, porém, voltavam vazias. No começo da manhã, na altura do Porto Itaguaçu, lançaram as redes e encontraram o corpo de uma imagem. Lançando-as novamente ao rio, recolheram uma cabeça que se encaixava perfeitamente naquele corpo.

Era a Imagem de Nossa Senhora da Conceição, logo chamada de "Aparecida" por aqueles pescadores. A partir daí, a devoção a Nossa Senhora Aparecida não parou de crescer. Prova disso são os locais dedicados à veneração daquela pequenina Imagem, encontrada nas águas do rio Paraíba há mais de três séculos. Entre 1717 e 1745, a Imagem ficou em posse dos pescadores e de suas famílias.

1745

Em 26 de julho de 1745, o Padre José Alves Vilela, então Vigário de Guaratinguetá, inaugurou a Capela no alto do Morro dos Coqueiros, marcando a aprovação da Igreja ao culto à Senhora Aparecida. Ao longo dos anos, a Capela passou por diversas reconstruções, sendo a última realizada em 1888 pelo Frei Joaquim do Monte Carmelo, dando forma ao templo que hoje é chamado de Basílica Histórica.

Pintura: Beto Leite.

1894

No dia 28 de outubro de 1894, eram mais ou menos 23h quando os primeiros Missionários Redentoristas, vindos da Alemanha, chegaram a Aparecida para cuidar do Santuário. Apenas três dias após sua chegada, os padres e irmãos iniciaram seu apostolado com a oração do Terço junto aos romeiros. Tornaram-se, então, missionários de Nossa Senhora Aparecida e guardiões de sua Imagem.

1900

A partir de 1900, as romarias – registradas desde 1732 – tornaram-se ainda maiores. Neste período, têm início as peregrinações organizadas por paróquias e dioceses. O Padre Lourenço Gahr, primeiro superior da Comunidade Redentorista de Aparecida, detalha este fato em uma crônica escrita em 1895: "Dizem que, antes de nossa vinda, as comunhões eram apenas 100 por ano. Agora, começaram a subir; do começo do ano até agora já tivemos 1000 comunhões".

1929

Em 1929 acontece o Congresso Mariano. Na ocasião, ficou evidenciada a necessidade da construção de um novo templo para melhor acolher aos peregrinos que, diariamente, acorriam a Mãe de Deus e nossa pedindo sua intercessão. Dez anos depois, em 1939, o Arcebispo de São Paulo, Dom José Gaspar de Afonseca e Silva, prometeu a construção da nova Casa da Padroeira.

A primeira ideia era de construir a igreja no Morro do Cruzeiro, mas o solo do local não era ideal. Depois, pensou-se em edificá-la atrás da Basílica Histórica, mas sem sucesso, pois os moradores não quiseram vender suas terras.

Por fim, em janeiro de 1946, a escolha do local para a construção recaiu sobre o Morro das Pitas. Em 8 de setembro do mesmo ano foi abençoada a pedra fundamental do novo templo. O projeto foi aprovado pelo Papa Pio XII em 1949, dando início a terraplanagem dos terrenos e a canalização do Córrego da Ponte Alta, que os atravessava.

1946

1949

O projeto original, feito antes da realização do Concílio Vaticano II, sofreu alterações nos anos pós-conciliares e não é o projeto realizado, embora mantenha sua característica neorromânica.

Na primeira concepção, a Imagem de Nossa Senhora Aparecida ficaria no centro do templo, em um altar localizado sob a Cúpula Central. Ao redor dela, eram previstos doze pequenos outros altares para permitir a celebração simultânea de missas.

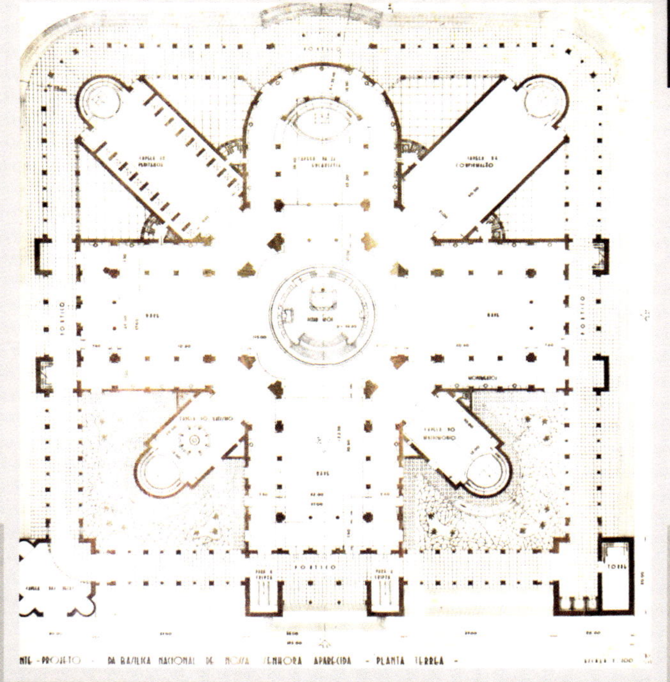

1954

Em 1954 uma nova pedra fundamental foi assentada. Um ano depois, em 11 de novembro de 1955, às 10h, teve início oficialmente a construção da igreja, com a concretagem das primeiras sapatas da Nave Norte.

Participaram da solenidade o então Cardeal Arcebispo de São Paulo, Dom Carlos Carmelo de Vasconcelos Motta, os bispos auxiliares de São Paulo, o arquiteto da Basílica, Benedito Calixto de Jesus Neto e diversos Missionários Redentoristas. As crônicas da época também destacam que, na ocasião, houve intensa participação popular.

1958

No dia 8 de dezembro de 1958, em meio a andaimes e obras, a estrutura bruta da Nave Norte, quase pronta, foi utilizada pela primeira vez pelos romeiros. Na data, foi instalada a Arquidiocese de Aparecida, cuja promulgação havia sido feita pelo Papa Pio XII.

1959

Em 21 de junho de 1959 os serviços oferecidos aos romeiros aconteceram pela primeira vez na Nave Norte. A partir desta data, todos os domingos, o atendimento pastoral passou a ser oferecido no novo templo. Na época, apenas parte da construção estava completa. Mesmo assim, o espaço já era maior do que o oferecido na Basílica Histórica, comportando com mais comodidade o número de devotos que, cada vez mais, visitavam a Padroeira do Brasil. Só naquele ano, de acordo com os registros do Santuário Nacional, mais de um milhão e trezentas mil pessoas visitaram Aparecida.

"Hoje, pela primeira vez, o movimento de romeiros se transferiu para a Basílica Nova. Às 4h30, a Imagem de Nossa Senhora foi levada para lá. Missas, batizados, casamentos, confissões e comunhões foram realizados lá", descreve o III Livro do Tombo da Paróquia de Nossa Senhora Aparecida, sobre o primeiro atendimento aos peregrinos na estrutura do novo templo.

Ainda que inacabada, a Nave Norte da Basílica continuou acolhendo outros eventos. Entre eles, a posse solene do primeiro Cardeal Arcebispo de Aparecida, **Dom Carlos Carmelo de Vasconcelos Motta (29 de junho de 1964)** e a entrega da Rosa de Ouro, ofertada pelo **Papa Paulo VI (15 de agosto de 1967)**.

Papa Paulo VI

Dom Carlos Carmelo de Vasconcelos Motta

Em 12 de setembro de 1958, o Presidente da República da época, Juscelino Kubitschek de Oliveira, anunciou que doaria a estrutura metálica da Torre Brasília, fundida na cidade de Volta Redonda (RJ), na Companhia Siderúrgica Nacional (CSN). Durante sua construção, foram empregadas 12 mil sacas de cimento. Seu peso total é de 1 milhão e 500 mil toneladas (cerca de 1300 vezes mais pesada que o Cristo Redentor do Rio de Janeiro).

1961

A Torre foi inaugurada no ano de 1961, mas só recebeu a cruz que há no topo no dia 6 de dezembro de 1963, em uma cerimônia presidida pelo então Arcebispo Coadjutor de Aparecida, Dom Antônio Ferreira de Macedo, C.Ss.R.

1965

Iniciada em 1965 e finalizada em 1970, a construção da Cúpula Central foi uma das partes mais complexas da obra. Para a concretagem, foi projetada uma estrutura com 75 metros de altura, composta por 1500 peças de eucalipto. Somente na concretagem do anel superior - o ponto mais alto da Cúpula - foram gastos seis mil sacos de cimento. Toda a estrutura de concreto armado tem o volume de 9.769 metros cúbicos de concreto.

Em 1971, ano também da inauguração da Passarela da Fé, o espaço da Basílica continuou sendo ampliado com o início da construção da Nave Sul. Seguindo o novo projeto, remodelado a partir das orientações do Concílio Vaticano II, nesta Nave foram adicionados mais dois lances de colunas do que o previsto no projeto original, deixando-a 16 metros mais longa que as demais. A adição foi realizada para inserir o Trono da Imagem de Nossa Senhora Aparecida. O local foi utilizado pela primeira vez pelos peregrinos em outubro de 1974, assim que a construção foi finalizada.

1971

No mesmo ano, teve início a construção da Nave Leste. A obra prosseguiu por dois anos, até 1976, quando a estrutura bruta desta ala da Basílica foi finalizada. Seu primeiro uso aconteceu durante o dia 12 de outubro, na Festa da Padroeira daquele ano.

1975

Em 1975, com o bom andamento das obras na Nave Leste, começou a construção da última ala da Basílica Nova: a Oeste. Em 1977, o espaço foi entregue aos romeiros, completando a estrutura da grande cruz latina, formada pelas quatro naves do Santuário Nacional.

Após a construção das naves, foram edificadas ainda duas Capelas: a do Santíssimo Sacramento e a de São José, localizadas nas intersecções das naves Leste e Sul e Oeste e Sul, respectivamente. Com o fim destes trabalhos, no primeiro semestre de 1980, a estrutura de alvenaria da Nova Basílica foi finalizada.

Foto: Diego Rosa

Com o prolongamento da Nave Sul e a construção das Capelas do Santíssimo e de São José, a Basílica assume o formato de cruz latina sobreposta à cruz grega. Na junção das duas cruzes, forma-se uma estrela de oito pontas, que tem ao centro a Cúpula Central e, sob ela, na área interna, o Altar, centro e coração do espaço basilical.

1980

A 4 de julho de 1980, o Papa São João Paulo II visitou Aparecida e dedicou o novo templo, dando a ele o título de Basílica Menor. Na ocasião, o pontífice doou cinco mosaicos – representando o Cordeiro e os evangelistas – ao Santuário da Padroeira do Brasil. Hoje, estes presentes estão colocados no retábulo da Capela do Santíssimo Sacramento.

"Durante anos de incessante trabalho, a imensa e corajosa empresa que foi a construção do imponente edifício. E hoje, superadas não poucas dificuldades, a esplêndida realidade que podemos contemplar. (...) Este templo é morada do 'Senhor dos senhores e Rei dos reis' (cf. Ap 17,14). Nele, tal a Rainha Ester, a Virgem Imaculada, que 'conquistou o coração' de Deus e em quem 'grandes coisas' fez o Onipotente (cf. Est 5,5; Lc 1,49), não cessará de acolher numerosos filhos e interceder por eles: 'Salva meu povo, eis o meu desejo' (cf. Est 7,3)" – Papa João Paulo II, Homilia durante a Santa Missa na Basílica Nacional de Aparecida, 4 de julho de 1980.

1982

O dia 3 de outubro de 1982 marca o atendimento definitivo aos romeiros na Basílica Nova, quando a Imagem foi trasladada de forma perpétua para o maior templo mariano do mundo. A partir daí, as celebrações de missas, batizados e confissões na nova igreja não se restringiam apenas aos fins de semana, mas aconteciam diariamente.

1984

No dia 12 de outubro de 1984, a Igreja no Brasil, por meio de seus bispos, proclamou a Basílica de Nossa Senhora Aparecida como Santuário Nacional. Até hoje, em todo o mundo, apenas 261 templos detêm este título.

No início dos anos 2000, começaram os trabalhos de acabamento interno da Basílica. Para as obras, foi escolhido o artista sacro Cláudio Pastro, responsável pelo projeto artístico-arquitetônico do espaço sagrado do Santuário. Até sua morte, em 2016, ele dedicou-se a traduzir, por meio de suas obras, a teologia e a espiritualidade da Igreja nas estruturas da Casa da Rainha e Padroeira do Brasil.

UMA ESTRUTURA MAJESTOSA

Extensão: 173 m
Largura: 168 m
Naves: 40 m de altura
Torre: 107 m de altura
Área coberta: 18.000 m²
Tijolos: 25 milhões
Volume de concreto: 40.000 m³
Área construída: 23.300 m²
Piso em Granito brasileiro: 24.500 m²
Telhado: 257.000 telhas azuis
Capacidade da Basílica: 35 mil pessoas
Estacionamento: 272.000 m²

O ALTAR CENTRAL

O Altar é o espaço central da celebração do culto cristão. Nele, “se encontra presente o sacrifício da cruz sob os sinais sacramentais, é também a mesa do Senhor na qual o povo de Deus é convidado a participar por meio da Missa; é ainda o centro da ação de graças que se realiza pela Eucaristia” (IGMR, 296).

Os primeiros

Pais da Igreja chegaram a afirmar que Cristo é o Altar – *"Ara Christus est"*. Santo Ambrósio diz que o altar "representa o Corpo [de Cristo], e o Corpo de Cristo está sobre o altar" (Sacr. 4,7), dada a centralidade deste espaço nas celebrações religiosas.

Desde o início do cristianismo ele é compreendido pela comunidade cristã como a figura de Jesus, Sumo e Eterno Sacerdote (Is 53,12). É também ali que o próprio Cristo se oferece ao Pai como Sacrifício da Nova e Eterna Aliança (1Tm 2,6) e, os que participam da celebração, oferecem sua vida como hóstias "agradáveis a Deus" (1Pd 2,5).

O Altar Central da Basílica de Aparecida ocupa o "coração" do edifício, evidenciando o caráter cristocêntrico do templo. **Como seu nome sugere, encontra-se no centro do espaço, no qual convergem todas as naves, ocupando o local onde, espontaneamente, a atenção de toda a assembleia de fiéis se volta** (IGMR, 299).

A mesa do Altar

Obra do artista sacro Cláudio Pastro, o Altar foi feito de forma artesanal.

A Mesa mede 1,70mx1,70m, pesando três toneladas e meia. Ela é constituída de um mesmo bloco de granito nas cores vermelho-Brasília e rosa-Goiás, simbolizando Jesus, Pedra Viva (1Pd 2,4; Ef 2,20).

Sua forma quadrangular representa a forma humana, limitada, recordando que o Filho de Deus, ilimitado, fez-se limitado para dar-nos a vida nova. O formato também permite que ele seja acessado e rodeado por todos de forma igualitária.

O ambão

O Ambão, assim como a Mesa do Altar, também é constituído de um mesmo bloco de granito nas cores vermelho-Brasília e rosa-Goiás. Isto para demonstrar a unidade entre a Palavra proclamada e a Eucaristia celebrada (IGMR, 309).

O piso do altar

O piso é composto de nove círculos, compostos por oito degraus e feitos de granito Branco Polar. A cor representa a Luz de Cristo, iluminando a partir do centro. Entre os degraus, uma faixa de granito preto São Gabriel, o que confere profundidade.

Do altar, saem ondas em formato de ziguezague, tracejado inspirado na forma indígena Marajoara da representação das ondas de um lago. Desta forma, o piso apresenta o movimento das águas que saem do Altar e são emanadas para as naves da Basílica.

Ao lado do altar está a Coluna Pascal. Nas figuras gravadas vemos Adão e Eva, Madalena e o Mestre, a serpente de bronze no bastão de Moisés e o Cordeiro Pascal na cruz com as chagas gloriosas.

Na Bíblia, a água que sai do Templo caracteriza o tempo messiânico, onde é derramado de forma abundante o poder de Deus que faz frutificar espiritualmente os homens.

"Conduziu-me novamente à entrada do templo e vi que brotava água por debaixo do limiar do templo para o oriente, porque a fachada do templo dava para o oriente. Essa água vinha de baixo, do lado direito do templo, do lado sul do altar, e vi que a água brotava do lado direito. Todo ser vivo que se move em qualquer parte aonde chega o rio viverá; aí haverá muitíssimo peixe, porque essas águas, aonde chegam, saneiam, e lá aonde chega o rio tudo reviverá" (Ez 47,1.2b.9).

"O anjo mostrou-me um rio de água viva, límpido como cristal, que brotava do trono de Deus e do Cordeiro. Felizes os que lavam suas vestes: eles terão parte na árvore da vida e poderão entrar na Cidade pelas portas! Quem tem sede venha, e quem quiser receba gratuitamente a água viva" (Ap 22,1.14.17).

A CRUZ É O MAIOR
SÍMBOLO DO
CRISTIANISMO.

Outrora símbolo de maldição, é para os cristãos sinal do poder de Deus (1Cor 1,23), o único capaz de vencer o pecado e a morte (At 2,24). Ali, Jesus, como verdadeiro Cordeiro imolado, tirou o pecado do mundo: "Morrendo, destruiu a nossa morte e, ressurgindo, restaurou a vida" (Prefácio da Páscoa I).

Para recordar a paixão salvadora do Senhor, a Igreja estabelece que sobre o altar ou junto dele a cruz deve estar visível à assembleia dos fiéis (IGMR, 117. 308. 350).

Isto para evidenciar que "a Missa torna presente o sacrifício da cruz" (EE, 12). É nela que, pela participação neste sacrifício eucarístico, a assembleia celebrante oferece a Deus o próprio Jesus e a si mesmos (LG, 11).

Sobre o Altar Central da Basílica de Aparecida está a grande cruz, chamada de Cruz do Nada. É ali que está Tudo, sinal da presença do Cristo Ressuscitado entre nós. Instalada bem no meio do templo, recorda que Cristo é o centro do anúncio (1Cor 1,18) e da vida de todo cristão. Feita em aço vazado, cortado a laser, mede 8 metros de altura e 25 mm de espessura. Seu peso é de quase 800 quilos.

Recorda a Paixão Salvadora do Senhor, sinal do amor de Deus por nós (Rm 5,8). Em seu centro está a figura de Cristo, sinal de nossa vitória e único motivo do qual podemos nos gloriar (Gl 6,14). Sua silhueta vazia indica o lugar da presença do Invisível em nosso meio, pois "felizes aqueles que não viram e creram" (Jo 20,29).

Na Cruz estão representadas 12 sementes, número que representa a perfeição absoluta (Gn 35,23; Js 4,9; Mt 14,20; Mt 19,28; Lc 6,13).

EE = Ecclesia de Eucharistia.
Enc. de J.P. II (2003) no seu Jubileu de Pontífice.
IGMR = Instrução Geral sobre o Missal Romano (2009)
Brasília: Edições CNBB. 2ª Edição.
LG = Lumen Gentium. Const. Dogmática sobre a Igreja.
Sacr = Santo Ambrósio, De Sacramentis, 4, 7: CSEL73. 49
Prefácio da Páscoa I: O mistério Pascal.
(Missal Romano - p.466)

A GRANDE CÚPULA SOBRE O ALTAR

Foto: Carlos Rodrigues

De fora e de longe,

pode-se observar a cúpula toda revestida de cobre. Ela é o ponto alto do Santuário Nacional, excetuando a torre. Externamente, todo o edifício simboliza a Jerusalém Celeste. *"E vi descer do céu, de junto de Deus, a Cidade Santa, a nova Jerusalém, pronta como noiva adornada para o esposo"* (Ap 21,2).

Ao redor da Cúpula, as capelas parecem uma cidadela apinhada sobre a montanha – a grande cúpula –, dando a ideia de fortaleza. Simbolicamente, a cúpula-montanha é Cristo.

Internamente, a cúpula é revestida de mosaicos multicoloridos com o tema "**A árvore da vida**", fazendo alusão à parábola do grão de mostarda.

Jesus contou-lhes mais uma parábola: "O Reino dos Céus é como a semente de mostarda que alguém toma e semeia em seu terreno. É a menor de todas as sementes, mas, quando cresce, torna-se a maior de todas as verduras e chega a ser uma verdadeira árvore, em cujos ramos as aves do céu vêm fazer ninhos" (Mt 13,31-32).

A árvore da vida

Belos pássaros da fauna brasileira em mosaicos se dirigem ao centro da árvore para se abrigarem: isto é uma clara alusão aos brasileiros peregrinos que vão ao Santuário da Senhora Aparecida para se refugiar, recuperar e renovar sua fé e vida.

Também a cúpula, além da árvore da vida, é continuada e pendente mais baixo pela Cruz do Nada. As duas obras se completam: o paraíso foi reaberto pela cruz, a verdadeira árvore da vida, graças ao novo Adão da criação redimida, Jesus Cristo.

Grande Cúpula

Ao alto, no centro da grande cúpula, está o grande pássaro, que corresponde ao Espírito Santo, o Espírito Criador e Redentor envolto por um grande sol, a luz da vida. Assim os peregrinos, ao se dirigirem à Basílica, buscam o eixo, a centralidade da fé e a vida que é o Cristo Senhor, e a Igreja, sua Mãe.

A FLORA E A FAUNA

SOB A GRANDE CÚPULA

FRUTO DO VOSSO VENTRE JESUS + AVE MARIA CHEIA DE GRAÇA O

As paredes e os quatro grandes arcos no entorno do Altar Central e da grande Cruz do Nada, são revestidos de azulejos, como todos os demais painéis da Basílica.

O altar da celebração do Mistério Pascal – a Santa Missa – é o centro da vida dos cristãos e, simbolicamente, é o centro do universo, o centro verdadeiro que abençoa a terra e os filhos de Deus, criaturas do Senhor. Por este motivo, as paredes recebem azulejos com a flora e a fauna brasileiras. Cada um dos quatro lados que sustentam a Cúpula contém plantas e animais representativos das diferentes regiões do Brasil. Estes grandes painéis de azulejos revelam a bela e boa criação como um ecossistema em que todos dependem um do outro e, como nos diz o livro do Gênesis, o ser humano recebeu esta terra para zelar por ela e não para a corromper.

Com este grandioso trabalho, a consciência cristã quer mostrar que Cristo é o Redentor do Cosmo. A partir da revelação divina, por meio de seu Filho Único, Jesus Cristo, o universo volta a ter conotação sagrada, isto é, cada planta, animal, mineral e pessoa é dom de Deus e não é propriedade de ninguém. Assim, cabe refletir e discernir sobre os valores da existência e louvar e agradecer ao Senhor da vida.

Da Cúpula, os anjos descem à terra

Logo abaixo da Cúpula, um grande anel de azulejos a bordeja com a inscrição da primeira parte da Ave, Maria, preciosa oração que reza a anunciação do **Anjo Gabriel** e a saudação de Isabel à Virgem Maria. Afinal, estamos em um Santuário Mariano.

Neste espaço são representados quatro grandes anjos, cada um com 9 metros de altura. Os anjos trazem sinais que falam à nossa fé:

Primeiro anjo

Toca o **"shofar"**, uma trombeta feita de **chifre de boi**. Na tradição judaico-cristã, a primeira condição para a educação da fé é respondermos ao chamado do Senhor: ***"Ouve, Israel: nosso Deus é único. Amarás teu Deus de todo o teu coração, de toda a tua alma e com todas as tuas forças"*** (Dt 6,5).

A escuta da Palavra proclamada neste lugar faz dos fiéis cristãos vigilantes, atentos ao Senhor que nos dá vida. ***"Lâmpada para meus passos é vossa palavra e luz em meu caminho"*** (Sl 119,105).

Segundo anjo

Tem na mão um **turíbulo** com **incenso**. É o anjo do louvor e indica aos peregrinos a grandeza da oração, diálogo entre Deus e nós:

"Que minha oração suba a vossa presença como o incenso; minhas mãos erguidas sejam como o sacrifício da tarde" (Sl 141,2).

"Quem me oferece o sacrifício de louvor,esse me glorificará; e a quem caminha retamentefarei gozar da salvação de Deus" (Sl 50,23).

Terceiro anjo

Toca um **pandeiro**. É o anjo do dom da alegria. O cristão é convidado à permanente alegria por ser salvo e redimido pelo Senhor Jesus.

"Resgatastes para Deus, com vosso sangue, homens de toda raça, língua, povo e nação" (Ap 5,9).

"Alegrai-vos em Javé e exultai, ó justos; jubilai, vós todos, retos de coração!" (Sl 32,11).

Quarto anjo

Em suas mãos está a régua, conforme retratado no livro do Apocalipse, na descrição da nova Jerusalém.

"Aquele que falava comigo segurava uma medida, um caniço de ouro, para medir a cidade, suas portas e sua muralha. Depois ele mediu a muralha: cento e quarenta e quatro côvados. O anjo media com medida usada entre os homens" (Ap 21,15.17).

Estes quatro anjos representam os mensageiros do Senhor, que advertem os cristãos para bem viverem como peregrinos nesta terra, rumo à pátria definitiva.

Como se vê, aos poucos, a Basílica de Aparecida torna-se um microcosmo que reflete a grandeza da fé, educa e fascina seus visitantes.

A fé e a devoção à Mãe de Deus, a Senhora Aparecida, têm uma grandiosidade que ultrapassa seus filhos e os conduz ao bom termo e antecipa o Céu na Terra.

AS CAPELAS DA BASÍLICA

Capela da Ressurreição

A esplanada da Basílica em seu espaço externo contém duas capelas fundamentais à fé: a Capela da Ressurreição e a Capela do Batismo.

A Capela da Ressurreição acolhe aqueles que precedem os vivos no Reino dos Céus e, por ora, os senhores Arcebispos que tiveram papéis expressivos na direção da Basílica Nacional e na Arquidiocese de Aparecida. Ela é dedicada ao mistério da morte e à entrada na vida definitiva.

Desde sempre os cristãos cultuaram seus mortos, muitos deles santos, sendo nossa união entre a Igreja Celeste e a Igreja Terrestre.

Reverenciamos os batizados falecidos por terem sido assinalados pela Cruz e revestidos de Cristo na vida nova de criaturas redimidas pelo sangue do Senhor. Assim, a morte indica que os cristãos fazem parte do corpo místico de Cristo e que a vida é única e valiosa.

A **Capela da Ressurreição**, em suas formas e materiais, revela estes valores. No piso em granito da entrada e em marchetaria, encontra-se a primeira estrofe do belo hino do funeral cristão *In Paradisum*: ***"Ao paraíso conduzam-te os anjos, à tua chegada eles te receberam e te introduzam na cidade santa, Jerusalém, para o repouso eterno"***.

No centro do espaço está o altar para a Celebração Eucarística. Indica a vida com o Cristo na eternidade, graças a sua entrega no Mistério Pascal. No piso que envolve este espaço, igualmente em marchetaria, uma coroa de louros faz referência às palavras do Apóstolo Paulo: ***"Combati o bom combate, terminei minha corrida, guardei a fé"*** (2Tm 4,7).

Há **sete nichos**, em tijolinhos, como todo o edifício, no qual se encontram os túmulos. Nestes, estão sete passos da **Via-Sacra** em mármore travertino que significam a presença de Deus no sofrimento de seus filhos, passando pela morte para os cristãos atingirem a vida nova de ressuscitado.

Ao alto, sobre o painel do crucificado, também sobre o mármore travertino, a figura do **Bom Pastor**, com **4 metros de altura**, o **Ressuscitado**, segundo a antiga tradição nas catacumbas de Roma.

A Ω

EU SOU A
RESSURREIÇÃO
E A VIDA
QUEM CRÊ
EM MIM
AINDA MORTO
VIVERÁ

Jo 11,25

Capela do Batismo

Na porta da **Capela** está a **árvore da vida** – com alusão ao centro e o fim para onde os cristãos se dirigem – e a inscrição ***"O Cristo, novo Adão, abre-nos as Portas do Paraíso"***. A grade de entrada é em ferro trabalhado na forma de um jardim de oliveiras. Da oliveira extrai-se o azeite que unge e simboliza *Christus*, **"o Ungido"**.

O piso contém a palavra **"Pax"**, saudação do **Ressuscitado**, e forma um sol, que irradia a todos os lados e revela a identidade cristã. A Cúpula simboliza o céu que faz o batizado ser luz do mundo. No barrado, ovelhas bebem da água que jorra do Cordeiro Pascal.

As paredes em arcos e a cruz são revestidas com mármore de diferentes tons e na forma de água, em um movimento proveniente da Cruz no arco central: é do **Mistério da Redenção, da Cruz** e das chagas do Cristo que provém o batismo. Os cristãos são batizados – mergulhados – no sangue e na água, que jorram do lado aberto do Cristo, e marcados com o sinal de nossa salvação.

O arco central contém uma cruz com as palavras **"Pai, Filho e Espírito Santo"**. Em nome dEles os fiéis são batizados, isto é, são introduzidos no Mistério da Santíssima Trindade e tornam-se um com Aquele que É mistério de Amor, Gratuidade e Graça.

No centro do batistério, está a fonte batismal em mármore branco, que tem baixos relevos com cenas dos anjos que recebem as mulheres no túmulo vazio, da samaritana no poço com Jesus e da ressurreição de Lázaro. Sobre o **Ambão**, está a base do círio pascal. A pomba indica o **Espírito do Ressuscitado** agindo nesse Sacramento. Ao alto, estão as **três grandes ampolas** com os óleos do catecúmeno, crisma e dos Enfermos. Na frente do Ambão, a frase **"Tu és meu filho, eu hoje te gerei"** (Sl 2,7), referente ao batismo de Jesus.

Capela de São José

Localizada à esquerda do Altar Central, a **Capela de São José** é dedicada ao **"Anúncio do Anjo Gabriel a José para ser o guardião da Sagrada Família e da Igreja"**.

Na entrada da Capela, há uma **grade-portal** de ferro batido com lírios em metal dourado e com a inscrição *"Dominus Domum Joseph Concredidit"*, ou seja, **"A casa que o Senhor entregou a José para cuidá-la"**.

O piso deste espaço é todo em marchetaria de granito, formando **"estrelas de Davi"** e lírios, lembranças da descendência de São José, **"Pai adotivo de Jesus"**, da estirpe do Rei Davi.

O ponto central, o Santuário ou **Presbitério**, é formado pelo Altar e pelo Ambão, em granito escuro e porcelanas douradas com estrelas.

Um grande painel atrás do altar, em azulejos azuis, branco e ouro, representa **"Os sonhos de José, o justo"**. São José dorme e, em sonhos, recebe do **Anjo Gabriel** três anúncios: o primeiro, para não temer e receber Maria como esposa e como Mãe do Salvador; o segundo, para fugir para o Egito, pois o rei Herodes queria matar **"o pequeno rei, Jesus"**; e o terceiro, para voltar a Israel. Junto a José há uma palmeira e sob ela água em movimento, recordando o **Salmo 1**: ***"Feliz quem não segue o conselho dos maus, não se detém no caminho dos pecadores... Será como árvore plantada à beira de um regato, que dá fruto no devido tempo e cuja folhagem não seca: em tudo o que faz terá sempre sucesso"***.

No alto do painel, estão as **"estrelas de Davi"** e, nas laterais, pombinha e rolinhas, símbolos das ofertas dos justos no Altar do Senhor.

Sobre o Altar e o painel, uma grande cúpula dourada faz referência à presença invisível do Senhor e sua luz a nos iluminar, pois o ouro em si é sinal da glória e da presença do Senhor em nosso meio.

Nas bordas da Cúpula há um jardim de lírios e pássaros, indica que José e aqueles de sua descendência – os cristãos –, igualmente da estirpe do rei Salomão, estão sob as graças da Divina Sabedoria.

Dois painéis em cimento ladeiam o painel central e representam a **“Sagrada Família na celebração do Shabat”** e a **“apresentação de Jesus no templo entre os velhos Simeão e Ana”**.

Por fim, um belo vitral como rosácea forma um ramalhete de lírios, sinal de que o lugar é a casa do justo e da sabedoria.

Capela do Santíssimo

Localizada à direita do Altar Central, a **Capela do Santíssimo** remete ao Mistério Eucarístico. Possui uma cúpula revestida de pastilhas de porcelana banhadas a ouro, indicando a presença do Divino naquele lugar. Bordejando a cúpula, feixes de trigo fazem referência à grande colheita de Pentecostes, Cristo, o alimento pleno e abundante. Pássaros bicam e se alimentam de trigo, simbolizando os cristãos, homens do alto, que se alimentam do Cristo. Embaixo, a água em movimento corresponde à ação do Espírito que tudo fertiliza.

O retábulo da **Capela do Santíssimo** é composto por cinco mosaicos italianos, com os quatro evangelistas e o cordeiro pascal; presentes de **São João Paulo II**. Logo na entrada, em um portal de ferro, tem-se a representação da videira, sinal de comunhão, com pássaros que bicam as uvas, lembrando os cristãos que vivem deste mistério.

O piso, em forma de águas e peixes, indica o peixe como a comida do Ressuscitado, da vida nova, e o Cristo como a abundância de alimento.

A frase em latim *"Panis Angelorum Cibus Viatorum"*, que significa **"Pão dos anjos, alimento dos peregrinos"**, remete a Jesus presente nas espécies do pão e do vinho.

UM TRONO para a Virgem

Também chamado retábulo, tem **45 metros** de altura. **Em branco, o sopro do Espírito** e os **três Arcanjos**, **Rafael**, **Miguel e Gabrie**l: a escada de Jacó, lugar onde Deus se manifesta. Próximo à base, um nicho de metal ouro, de 2x2m, traz os peixes, o sol e a lua mais a frase: **"O Espírito e a Esposa dizem: Amém, vem, Senhor Jesus"**, do livro do Apocalipse. Em torno desse nicho, um grande sol em porcelana faz referência ao capítulo 12 do Apocalipse: **a mulher vestida de sol**.

O primeiro painel, à esquerda do retábulo, refere-se ao encontro da Imagem da Virgem Aparecida. As palmeiras que vemos ao fundo fazem referência ao oásis, lugar de repouso e revitalização, que é a própria Basílica.

Lembram, também, o nome indígena do Brasil: Pindorama (Terra das Palmeiras), e o Morro dos Coqueiros, onde hoje situa-se a Basílica Histórica.

O segundo painel, representa os primeiros milagres ocorridos por intercessão da Mãe Aparecida: das velas, do escravo Zacarias, do cavaleiro ateu e da menina cega. Os ex-votos deixados pelos romeiros na Sala das Promessas do Santuário Nacional também são retratados no segundo painel. Eles fazem referência às inúmeras graças recebidas por milhares de devotos. A salvação nos é transmitida "por sinais, prodígios, milagres de toda espécie e pela comunicação dos dons do Espírito Santo" (Hb 2,4).

Capela dos Apóstolos

A **Capela dos Apóstolos** está localizada às costas do **Trono de Nossa Senhora Aparecida**, exatamente atrás da azulejaria das **"mulheres do Antigo Testamento"**, na ala sul do **Santuário Nacional**.

O espaço é privilegiado, lugar de oração e intimidade para no máximo **60 pessoas**, não aberto à costumeira visitação dos fiéis. Encontra-se lá o altar consagrado por **São João Paulo II, em 1980**, quando visitou Aparecida.

A beleza deste espaço é completada por doze ícones presentes no corpo da capela. Em cada um deles está a figura de um Apóstolo com os elementos da sua vocação, em pintura **"a tempera"**.

A imagem dos Apóstolos dá o sentido de que são os "guardiões" da grande Basílica, juntamente com **Maria. Guardiões** da fé, vigilantes atentos à graça teofânica da Rainha e Padroeira do Brasil neste lugar.

O **trono**, no qual está guardada a Imagem, é de duas faces, uma voltada para a Basílica e a outra para a Capela dos Apóstolos. Pelo lado de dentro, não visível ao público, o nicho é todo trabalhado em tijolos de bronze com banho de ouro branco, figurando plantas aquáticas, aludindo ao encontro da Imagem de Aparecida numa milagrosa pesca em 1717, no rio Paraíba do Sul. No centro do nicho está representado um **"ovo"** com uma **"pomba"** sobre ele, indicando a criação como fruto da ação do Espírito Criador.

Contornando a peça artística, lê-se a frase do Apocalipse: ***"O Espírito e a Esposa dizem: 'vem!'"*** (Ap 22,17). É uma das últimas frases do Apocalipse e recorda a vinda de Jesus ao seio de Maria e a vinda derradeira no final dos tempos.

Capela das Velas

Localizada à esquerda da Porta Santa, a **Capela das Velas** é onde muitos peregrinos costumam acender suas velas. Esse lugar une os vivos aos mortos com a luz de Cristo; faz agradecer as graças recebidas do Cristo-luz e coloca os cristãos junto a sua luz quando lhe pedem algo. A luz de Cristo que se recebe no Batismo e se renova a cada ano na Vigília Pascal, com a profissão de fé, faz dos fiéis sempre **"iluminados"**. A Capela possui uma cruz de 4 metros em aço, que indica o preço da Redenção, para que todos possam participar da luz do Senhor. O piso remete à passagem bíblica da Sarça Ardente, momento em que o Senhor aparece a Moisés em forma de fogo, recordando que Deus está presente naquele lugar.

> “Tu és bendita
> entre as mulheres
> e bendito é o fruto
> de teu ventre!”
> (Lc 1,42)

A espiritualidade presente na Imagem

A Imagem de Nossa Senhora Aparecida comunica a gravidez da Virgem Maria, uma iconografia comum do século XVIII: **Nossa Senhora da Conceição**.

Na palavra conceição estão subentendidas a Encarnação do Verbo e a firme convicção de fé sobre a condição privilegiada e única da geração imaculada de Nossa Senhora. A veneração à Imagem da Mãe Aparecida proclama as bem-aventuranças do Evangelho!

Os primeiros tocados pela **"mística"** do achado daquela pequena imagem foram os três piedosos pescadores: **João Alves**, **Felipe Pedroso** e **Domingos Garcia**. Depois, seus familiares, vizinhos e, por meio deles, os que vieram a conhecê-la atraídos por notícias veiculadas sobre as graças alcançadas.

Não houve aparições nem falas ligadas ao encontro da imagem, mas houve e há desde então a boa notícia: Deus revisitou seu povo! Do rio de águas turvas ela veio e fez-se brotar um rio de graças, bênçãos, favores divinos. Meditando a história, o significado, a repercussão do achado e da veneração prestada a Maria, em sua imagem de Aparecida, não há como não rezar a frase bíblica da Visitação: **"Tu és bendita entre as mulheres e bendito é o fruto de teu ventre!"** (Lc 1,42).

É a mãe que deseja congregar e encaminhar todos para o Filho Jesus. Na imensidão arquitetônica do Santuário Nacional, a imagenzinha é apenas um ponto pequenino emoldurado pelo nicho artisticamente desenhado. Para ela convergem todos os olhares. Em sua presença param pessoas imersas em silenciosa contemplação espiritual.

Outras emocionadas pedem e/ou agradecem as graças. Lá do seu nicho, cravado na parede sul do Santuário, a veneranda e histórica Imagem da Mãe Aparecida derrama a luz do seu olhar sobre os fiéis em prece.

Com delicado sorriso recebe seus visitantes e parece apontar o Altar Central, encimado pela grande cruz de ferro. É a mãe que deseja congregar e encaminhar todos para o Filho Jesus. Todos ali se sentem acolhidos por Deus diante de um símbolo tão frágil de sua misericórdia. Chamada para nos dar o Cristo, Maria é a intercessora do povo brasileiro.

Pe. Antonio Clayton Sant'Anna, C.Ss.R.

AS NAVES

"Esta é a morada de Deus
com os homens. Ele
habitará com eles; eles
serão seu povo, e ele será
o Deus-com-eles.
Ele enxugará toda
lágrima de seus olhos,
e não haverá mais
morte, nem luto, nem
choro, nem dor, pois o
mundo antigo já passou."
(Ap 21,3-4)

A arte interna do Santuário Nacional é essencialmente mistagógica. **Mistagogia – do grego** *myo* e *ago* – é a introdução ao conhecimento de uma verdade oculta, um mistério. Deste modo, a arte não é somente catequética, mas também busca levar quem a contempla a outra dimensão.

VENTRE JESUS + AVE MARIA

A *Biblia Pauperum*

"Bíblia dos Pobres" em latim, termo cunhado por São Gregório Magno, Papa entre 590 e 604 – é reflexo desta mistagogia. Ela buscava ser uma transcrição fiel da Palavra de Deus e se dirigia especialmente aos iletrados, em uma época de acesso limitado às Sagradas Escrituras. As imagens bíblicas, que aparecem nas naves da Basílica, têm a função de ser um trabalho didático, pedagógico e retórico para os peregrinos que são acolhidos em Aparecida, sendo uma continuação do Mistério celebrado dentro do Santuário.

A ***Biblia Pauperum*** da Basílica explora vários momentos da vida de Jesus em **34 painéis**, em azulejos de **7**x**5m**, a **40 metros** de altura. Cada nave conta também com um mural que retrata os fundamentos da nossa fé, as mulheres e os homens que auxiliaram na evangelização do Brasil e do mundo. Entre cada painel, imagens de palmeiras em azulejo referenciam o oásis, lugar de repouso. Mais abaixo, entre os frisos que retratam açucenas, imagens de romãs, uvas e maçãs lembram o livro do Cântico dos Cânticos, recordando que o Santuário é um lugar de união entre Cristo e sua Igreja.

Murais

O **mural da Nave Norte** mostra o **Pantocrator – do grego *Pan*, todos**, e ***kratos*, poder**. – Aquele que tudo rege, uma imagem que representa Jesus como Juiz justo e misericordioso, em um painel com azulejos em tom azul turquesa, cobalto e ultramarino e fundo com azulejos dourados, retratando Cristo como o Sol, a Luz do cristão.

A Seu lado, as mulheres que, ao longo da história do cristianismo, ajudaram a construir a Igreja e a levar a mensagem do Evangelho ao mundo: ao lado direito de Jesus, **Maria Madalena** lidera a procissão, com várias mulheres como **Santa Catarina de Alexandria** e **Santa Clara de Assis**, até **Santa Joana D'Arc** ao final. Ao lado esquerdo de Cristo, a procissão se inicia com **Santa Teresa D'Ávila**, acompanhada de mulheres como **Santa Rosa de Lima**, **Nhá Chica**, **Santa Teresa de Lisieux**, até **Ir. Dorothy** ao final do mural.

O mural da **Nave Leste** mostra os homens que auxiliaram nas fundações da fé cristã e da Igreja, entre patriarcas, profetas e apóstolos – do grego *apostolous*, aquele que é enviado à frente –, recordando a missão de **Abraão** a **João Batista** do lado esquerdo, e de **Pedro** a **Paulo** do lado direito.

Em **vermelho,** e fazendo referência ao sacrifício de Jesus há, no centro, as imagens do **Cordeiro Pascal** no altar e do cavalo branco que representa a vitória do Messias em sua segunda volta (Ap 19,11).

As mulheres que prefiguraram **Maria no Antigo Testamento**, reúnem-se em azulejos azuis e brancos no mural da **Nave Sul**. Desde **Eva**, passando por **Sara**, **Rebeca** e **Miriam** até **Ester**, as mulheres acompanham, à esquerda e à direita do **Trono de Nossa Senhora**, a **Imagem de Maria**, a **Nova Eva**, que ao mundo trouxe o novo **Adão**, o verdadeiro Redentor dos pecados.

A **Evangelização do Brasil** é o tema do mural da **Nave Oeste**: em tons de azul, turquesa, lilás e verde, os homens que auxiliaram a Igreja na catequização e na pregação da **Boa-Nova** nas terras brasileiras acompanham a **Virgem Maria**, que é representada pela **"mulher vestida com o sol, tendo a lua sob os pés e uma coroa de doze estrelas na cabeça"** (Ap 12,1).

A imagem da mulher, angustiada para dar à luz, tem em seu centro a imagem do próprio Jesus, e, ao seu lado esquerdo, a procissão se inicia com São José de Anchieta e conta com personagens históricos como **Frei Caneca** e **Frei Galvão**, até chegar a **Frei Damião**. A procissão é liderada por **Dom Hélder Câmara**, passando por figuras como o **Venerável Pe. Vítor Coelho**, até chegar a **Dom Luciano Mendes de Almeida**.

Nave Norte

Os painéis da Nave Norte, que retratam a vida pública de Jesus, têm a cor azul escuro, e se iniciam com o Batismo de Cristo por João Batista no Rio Jordão, quando Jesus recebeu o Espírito Santo dos céus em forma de pomba (Mt 3,15). O segundo painel retrata a tentação de Jesus no deserto e o período de quarenta dias e quarenta noites que passou em jejum (Mt 4,1). As bodas em Caná da Galileia e a transformação da água em vinho por Jesus (Jo 2,1) fazem parte do terceiro painel, e o quarto mostra Jesus na Sinagoga, onde o povo hebreu observou que Ele "ensinava como quem tem autoridade e não como os escribas" (Mc 1,22). O chamado de Jesus aos discípulos, exortando-os a serem "pescadores de homens", e a prontidão da resposta – "eles deixaram imediatamente suas redes e o seguiram" (Mc 1,17-18), é o tema do quinto painel; e o sexto retrata o encontro de Jesus com a mulher cananeia no poço em Sicar (Jo 4,1), em que Ele mesmo revela ser o Messias: "Sou eu, que estou conversando contigo" (Jo 4,26). A ressurreição do filho único da viúva em Naim por Jesus e o espanto do povo ao ver o milagre: "Um grande profeta surgiu entre nós e Deus visitou seu povo" (Lc 7,16) é o tema do penúltimo painel. Os painéis da Nave Norte finalizam-se retratando a transfiguração de Jesus no Monte Tabor, em que Jesus aparece a Pedro, Tiago e João e Deus Pai os diz: "Este é meu Filho muito amado. Escutai-o!" (Mc 9,7).

O Batismo de Jesus
por João Batista

As tentações de
Jesus no deserto

As bodas de Caná

Jesus na Sinagoga

O chamado dos primeiros discípulos

A samaritana no poço

Ressurreição do filho da
viúva de Naim

A transfiguração do Senhor

EIA DE GRAÇA O SENHOR É CONVOSCO

Nave Leste

A Nave Leste, voltada para o nascer do sol, percorre as cenas da Ressurreição do Senhor, com murais em tons verde e turquesa, simbolizando a esperança. A palavra Aleluia do hebraico "Deus seja louvado" percorre a parte de cima e de baixo dos murais.

O primeiro painel traz a ida das mulheres ao sepulcro e o encontro com os anjos, dizendo-lhes: "Por que procurais entre os mortos aquele que está vivo? Ele não está aqui, mas ressuscitou" (Lc 24,5-6). O segundo painel apresenta a aparição de Jesus em meio aos discípulos depois da Ressurreição, quando soprou sobre eles e disse-lhes: "Recebei o Espírito Santo" (Jo 20,22). Os discípulos de Emaús, dois homens que, caminhando e lamentando-se pela morte do Senhor, encontraram Jesus pelo caminho, estão no terceiro painel: "É verdade, o Senhor ressuscitou e apareceu a Simão!" (Lc 24,34), e o quarto painel relembra a aparição de Jesus aos discípulos no mar de Tiberíades (Jo 21,1), quando Jesus distribuiu-lhes pão e peixe.

O quinto painel relembra o dia de Pentecostes (At 2,1), na ocasião em que habitantes de várias regiões do mundo, reunidos em Jerusalém, encheram-se do Espírito Santo e puderam entender-se entre si, apesar de falarem diferentes línguas; seguido pela Ascensão do Senhor, quando Jesus foi elevado à Glória "Enquanto os abençoava, separou-se deles e foi elevado ao céu" (Lc 24,51). A cura de um paralítico por Pedro e João na porta do templo "Entrou com eles no templo, andando, saltando e louvando a Deus" (At 3,8) é a cena do sétimo painel, e os painéis da Nave Leste culminam na imagem do Bom Pastor, o próprio Jesus que, com o mais puro amor, oferece a própria vida pelo bem do seu Rebanho: "Conheço minhas ovelhas e minhas ovelhas me conhecem" (Jo 10,14).

As mulheres encontram o túmulo vazio e dois anjos

Jesus sopra seu espírito sobre os discípulos

Os discípulos de Emaús caminham com Jesus

A aparição de Jesus junto ao lago de Tiberíades e o pastoreio de Pedro

Pentecostes

A ascensão do Senhor

Pedro e João junto à Porta Bela
e cura de um paralítico

O Bom Pastor

Nave Sul

A infância de Jesus é contemplada em dez painéis da Nave Sul em azulejos azuis claros: o Anúncio do Arcanjo Gabriel, que disse à jovem Maria: "Alegra-te, ó cheia de graça, o Senhor é contigo" (Lc 1,28) e anunciou-lhe que seria mãe do Salvador, é retratado no primeiro painel, que é seguido pela visita de Maria à prima Isabel, que exclama: "Tu és bendita entre as mulheres e bendito é o fruto de teu ventre!" (Lc 1,42) assim que recebe a Mãe de Deus em sua casa. O anúncio do nascimento de João Batista a Zacarias no templo é retratado no terceiro painel: "Não tenhas medo, Zacarias, porque tua oração foi atendida: Isabel, tua esposa, vai te dar um filho, a quem darás o nome de João" (Lc 1,13).

O nascimento do Senhor Jesus em uma pequena manjedoura em Belém é o tema do quarto painel, e o seguinte recorda o anúncio aos pastores da região que, atendendo ao pedido do anjo: "Isto vos servirá de sinal: encontrareis um menino envolto em faixas e deitado num presépio" (Lc 2,12), se dirigiram a Jesus.

Os Magos do Oriente que ofereceram mirra, incenso e ouro a Jesus e, "caindo de joelhos o adoraram" (Mt 2,11) estão no sexto painel; e a apresentação de Cristo no templo, assim como a profecia do sábio Simeão: "Este menino vai causar a queda e a elevação de muitos em Israel; ele será um sinal de contradição" (Lc 2,34), estão no sétimo painel. O oitavo retrata a fuga de Jesus, José e Maria para o Egito, para que se cumprisse a profecia: "Do Egito chamei meu filho" (Mt 2,15), e o nono painel conta a procura de Maria por Jesus, já com doze anos, e seu encontro no templo, enquanto Cristo demonstrava sua sabedoria aos doutores da lei, sublinhando sua vocação a sua mãe: "Por que me procuráveis? Não sabíeis que devo estar naquilo que é de meu Pai?" (Lc 2,49).

O último painel da Nave Sul mostra a Sagrada Família: José, Maria e Jesus, que "ia crescendo em sabedoria, estatura e graça diante de Deus e dos homens" (Lc 2,52).

Anunciação do Arcanjo Gabriel à Virgem

A visita de Maria à sua prima Isabel

O anúncio do nascimento
de João Batista

O nascimento do
Salvador, Jesus

O anúncio dos anjos
aos Pastores

A visita dos reis magos

Apresentação de
Jesus no templo

A fuga para o Egito

O menino Jesus entre os doutores da lei

A Sagrada Família

Nave Oeste

A Paixão de Jesus, os mistérios da Morte e da Ressurreição do Senhor que, em uma entrega definitiva e amorosa, deu vida nova à humanidade e "tendo amado os seus que estavam no mundo, amou-os até o fim" (Jo,13) são os temas da Nave Oeste que, em tons roxos, exploram as cenas da Páscoa do Cordeiro.

A unção dos pés de Jesus por Maria de Betânia, com uma "libra de genuíno perfume de nardo, muito caro" (Jo 13,1) é o tema do primeiro painel, com o segundo retratando a entrada triunfal de Jesus em Jerusalém, enquanto o povo entoava: "Bendito o Rei que vem em nome do Senhor! Paz no céu e glória nas alturas" (Lc 19,38). A exortação de Jesus após lavar os pés dos discípulos, dizendo-lhes: "Vós também deveis lavar-vos os pés uns aos outros" (Jo 13,14) está retratada no terceiro painel, enquanto o quarto retrata a instituição da Eucaristia, o próprio Corpo e o próprio Sangue de Cristo, quando, tomando o cálice, disse aos discípulos: "Tomai-o e reparti entre vós" (Lc 22,17).

A oração de Jesus no Monte das Oliveiras com os discípulos, a agonia do Senhor e o pedido a Deus Pai: "Mas não aconteça como eu quero, mas como vós quereis!" (Lc 22,42) faz parte do quinto painel. O sexto painel mostra o julgamento de Jesus por Pilatos e o chamado do Senhor à escuta da vinda do Reino de Deus: "Todo aquele que é da verdade ouve minha voz" (Jo 18,37). Simão Cirineu, o homem que ajudou Jesus a carregar a Cruz até Gólgota (Mc 15,21), e o choro das mulheres ao longo do caminho estão retratados no sétimo painel. A crucificação e morte do Senhor Jesus e o momento em que Ele fez de Maria Mãe de João e de toda a humanidade – "Eis aí tua mãe" (Jo 19,27) – são as cenas finais do oitavo painel da Nave Oeste.

Maria unge os pés de Jesus
com perfume de nardo

Entrada de Jesus
em Jerusalém

O Lava-pés

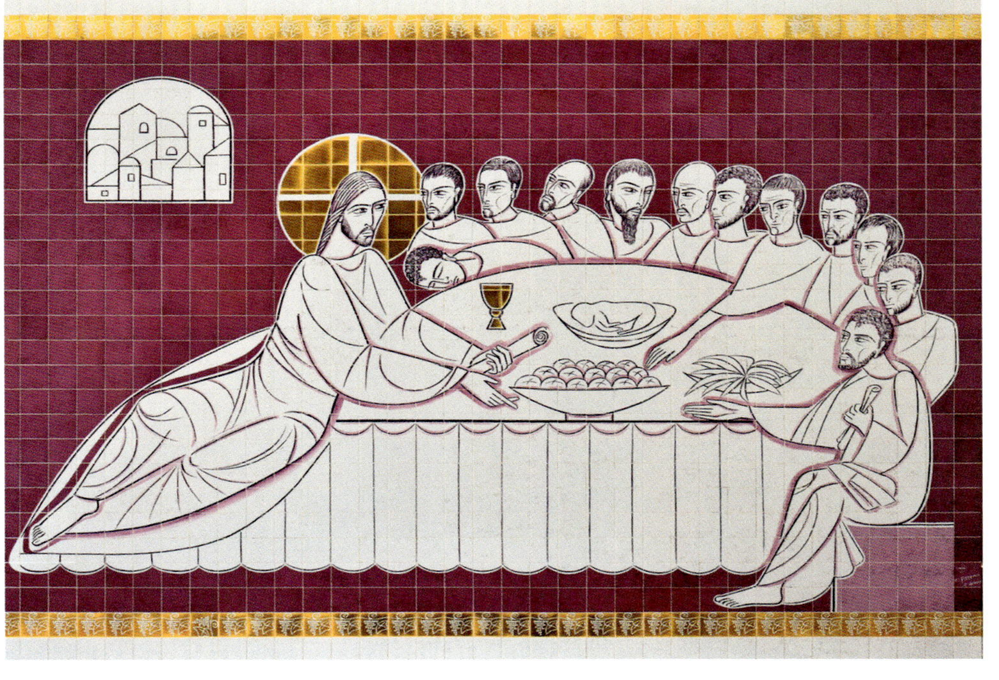

A Eucaristia Memorial

A oração no Horto da Oliveiras

Pilatos julga Jesus

Jesus e Cirineu carregam a cruz

Jesus morre na cruz

Vitrais

Cada nave contém, em sua extremidade, um vitral de 40 metros de altura por 20 metros de largura, filtrando a luz que entra do lado de fora da Basílica em uma estrutura quadriculada em forma de redes de pescaria, simbolizando o fato de que todos os fiéis são também os peixes do milagre em que a pequena Imagem de Nossa Senhora foi encontrada nas águas do rio Paraíba do Sul.

Os vitrais da Nave Norte são em tons de azul e uma rosácea em tons de amarelo, laranja e vermelho, simbolizando o sangue que foi derramado por Jesus em sua Paixão.

O mistério da Ressurreição do Senhor se reflete no tom turquesa da rosácea da Nave Leste, voltada exatamente em direção ao nascer do sol, o fim da escuridão.

A rosácea do vitral da Nave Sul, atrás do trono de Nossa Senhora, tem tonalidade azul e azul claro, refletindo o mistério da Encarnação.

Os tons roxo e lilás fazem parte da rosácea da Nave Oeste: uma referência à Paixão de Jesus e de sua entrega amorosa e dolorosa na Cruz.

Em torno do Altar Central, temos os serafins em quatro cores. Na Sacristia, encontramos o Pantocrator em vitral.

Além desses, outros vitrais decorativos são encontrados em quase todos os espaços do Santuário Nacional.

Vitral baldaquino

Vitral Nave Oeste

Vitral Sacristia

IC
XC

Mistérios do Rosário

O Santo Rosário, compêndio de todo o Evangelho (*Marialis Cultus*, 42), contempla os mistérios da vida de Jesus por meio de várias orações cristãs, em especial, do Pai-Nosso e da Ave-Maria. É, de acordo com a tradição, uma das orações mais difundidas na Igreja e leva o fiel à profundidade, à meditação e à intimidade com Jesus de forma simples e profundamente bíblica.

Ao longo da parte externa da Basílica, encontram-se, antes e depois do Nicho da Imagem de Nossa Senhora, os Mistérios do Rosário. Desenhados por Marco Funchal, artista sacro brasileiro, a obra foi originalmente desenvolvida em placas de latão, posteriormente substituídas pelas placas de mármore que se encontram atualmente na Basílica.

Saindo da Nave Oeste em direção ao Nicho de Nossa Senhora, os Mistérios da Alegria contemplam a encarnação do Espírito Santo no seio da Virgem Maria – desde a Anunciação do anjo à Maria, a Visitação de Maria a sua prima Isabel, o Nascimento de Jesus em Belém, a Apresentação de Jesus no Templo até o Encontro de Jesus no Templo.

Já na saída do Nicho de Nossa Senhora, o início da Vida Pública de Jesus, seus milagres e ensinamentos são meditados nos Mistérios da Luz – o Batismo de Jesus, as Bodas de Caná, o Anúncio do Reino, a Transfiguração de Jesus e a Instituição da Eucaristia – em que Jesus se autorrevela como o Messias, enviado dos céus para a salvação da humanidade.

Os Mistérios da Dor trazem consigo a memória da paixão e do sofrimento de Jesus Cristo antes de sua crucificação – a Agonia de Jesus no Horto das Oliveiras, a Flagelação de Jesus, a Coroação de Espinhos, Jesus carregando a cruz e a Crucifixão e morte de Jesus. Os painéis que contemplam estes mistérios encontram-se antes da entrada do Nicho de Nossa Senhora.

A vitória do Senhor, a vida nova à humanidade e a Nova Aliança são recordados nos Mistérios da Glória, que podem ser vistos na parte externa, entre a Nave Oeste e a entrada do Nicho de Nossa Senhora. Desde a Ressurreição de Jesus, a Ascensão ao céu, a Descida do Espírito Santo, a Assunção de Maria ao céu até a Coroação de Maria pela Trindade Santa, os painéis recordam o triunfo de Jesus sobre a morte e sua elevação aos céus como pessoa do Deus Uno e Trino.

Apresentação de Jesus
IV

Arte e fé

São João Paulo II afirmou que **"a Igreja está especialmente interessada no diálogo com a arte"**. Na Basílica de Aparecida, muitos foram os artistas que contribuíram para que este diálogo acontecesse. Além de Cláudio Pastro, outras expressões artísticas também contribuem para a oração do peregrino que visita o maior templo mariano do mundo.

Nossa Senhora da Piedade (Pietá)

Obras de Valter Frasson

Localizada na **Capela Nordeste da Basílica**, a escultura de **Nossa Senhora da Piedade**, ou **Pietá**, retrata o momento em que o corpo de Jesus, após ser descido da Cruz, é colocado nos braços de sua Mãe, a **Virgem Maria (Cf. Mt 27,57,60; Mc 15,42-46; Lc 23,50-53**; **e Jo 19,38-42)**. Na escultura, Nossa Senhora olha confiante para o céu, enquanto o corpo de seu Filho repousa em seu colo.

Esculpida em 2003, a peça é totalmente confeccionada em mogno. Mede 2m de largura, 1m de comprimento e 1,65 m de altura.

Maria acolhe seu Filho

Exposta na Capela Noroeste da Basílica, a escultura recorda o encontro entre Jesus e sua Mãe a caminho do Calvário. Embora não esteja relatada na Bíblia, a cena é venerada pelos católicos por meio de uma piedosa tradição, inserida na oração da Via Sacra.

Na obra, os olhares se cruzam entre mãe e filho. A primeira estende para ele suas mãos, enquanto o segundo a toca, como que se fortalecendo mutuamente. Atrás de ambos está a cruz, apoiada sobre o chão, sinal do sacrifício de Jesus no Calvário.

A obra tem **3,5m de largura e 2,10m de comprimento**, com **2,10m de altura**. A escultura foi confeccionada em mogno no ano de 2006.

Morro do Cruzeiro

Obras do artista sacro Adélio Sarro

A entrada do espaço de oração é marcada por um monumento de duas mãos postas em oração. Ali começa o percurso da **Via-Sacra**, ladeado por **14 painéis** feitos em cimento que relembram os últimos passos de Jesus a caminho do Calvário. No fim da subida do Morro do Cruzeiro, um painel retratando a Ressurreição de Jesus - também obra de **Adélio Sarro** - marca o fim das estações junto de um altar. No topo, está uma **Cruz em aço de 23 metros de altura**, projetada pelo artista sacro **Cláudio Pastro**; e, abaixo dela, um mirante em que se pode observar o Santuário Nacional, a cidade de Aparecida e parte do Vale do Paraíba. A altitude do Morro é de **680 metros**, e o acesso pode ser feito a pé ou pelos Bondinhos Aéreos que saem do Santuário Nacional.

Painéis da Capela de São José

Feitos em cimento armado, os relevos foram inaugurados em 19 de março de 2005, durante missa presidida pelo então Cardeal Arcebispo de Aparecida, Dom Aloísio Lorscheider. As obras medem 7 metros de altura e apresentam cenas da vida de Jesus junto de seu pai nutrício, São José.

Sagrada Família

À esquerda do altar da Capela de São José encontra-se a imagem da Sagrada Família. Ao centro da obra está Jesus adolescente, segurando um cálice que remete ao seu sacrifício feito por nós. O Menino está ladeado por São José, que veste um avental e segura seu instrumento de trabalho, e a Virgem Maria, que sustenta uma Menorá – símbolo da luz plena de Deus.

Apresentação do Menino Jesus no Templo

A cena bíblica narrada em Lc 2,22-38 é apresentada no painel que está à direita do altar da Capela. Nele, o Velho Simeão e a profetiza Ana são representados adorando o Menino, sustentado pela Virgem Maria. São José abre as mãos de onde saem duas pombas, símbolo da oferta dos pobres (Cf. Lv 12,6-8). Ao fundo, está o Santuário de Aparecida, meta dos peregrinos.

Painéis da Capela do Santíssimo Sacramento

Os dois painéis, construídos em cimento armado e medindo 7 metros, estão localizados um de cada lado do altar da Capela do Santíssimo que, por sua vez, abriga o tabernáculo com a Eucaristia. Por este motivo, ambos remetem ao sacramento da Eucaristia, bem como o serviço e a partilha.

O Lava-pés

Descrito no Evangelho de João (13,1-17), o Lava-pés está retratado no painel localizado à direita do altar da Capela. A obra apresenta Jesus lavando os pés de Pedro antes da Última Ceia, representada pelo pão e vinho que se encontram na mesa que está no fundo da cena.

O encontro de Jesus com os discípulos de Emaús

O episódio narrado no Evangelho de Lucas (24,13-35) está representado no painel esquerdo da Capela. Nele, é possível notar Jesus e dois discípulos. Os três possuem cajados nas mãos, símbolo da caminhada feita por eles de Jerusalém até o povoado de Emaús. No fundo, três cruzes relembram que a cena aconteceu após a Páscoa, tornando-se um verdadeiro encontro com o Ressuscitado, a quem os apóstolos reconhecem no partir do pão (Lc 24,30), símbolo da Eucaristia.

Memorial dos Construtores

Localizado à frente da Fachada Norte, o **Memorial dos Construtores** está ladeado pelos jardins noroeste e nordeste. O espaço eterniza em placas de bronze, nomes de religiosos e de devotos que fazem parte da história da construção do Santuário.

No seu centro, sobre um obelisco de **12m de altura**, está a imagem de **Nossa Senhora da Assunção**. A escultura foi a primeira a ser inaugurada no espaço do Santuário de Aparecida, **em 29 de maio de 1955**. Ela foi oferecida pelos **Congregados e Filhas de Maria da Arquidiocese de São Paulo**. Obra do escultor italiano **Francisco Bussaca**, é feita em bronze, **medindo 2,5m de altura**. A estátua representa a Virgem Maria prestes a ser elevada aos céus, tocando a Terra com seus pés e com os braços abertos às alturas.

Também no Memorial estão registradas as capitais dos Estados brasileiros. E, para lembrar os diversos Santuários Marianos no mundo, também estão registradas as distâncias de Aparecida até cada um deles.

BRASÍLIA
GOIÂNIA
FLORIANÓPOLIS
623 KM
VITÓRIA
CURITIBA
499 KM
BELO HORIZONTE
351 KM
RIO DE JANEIRO
212 KM
ÃO PAULO
163 KM

Morro do Presépio

Obras de Alexandre Moraes

Localizado nos pátios do **Santuário Nacional**, o **Morro do Presépio** possui mais de **70 esculturas**, dispostas em **7.345 m** de comprimento. Elas representam cenas da infância do Menino Jesus e o encontro da Imagem de Nossa Senhora Aparecida nas águas do rio Paraíba do Sul.

No espaço também é possível encontrar atrações como grutas, lago e cascatas artificiais e um mirante em que é possível descortinar uma visão privilegiada da Basílica de Aparecida e da Serra da Mantiqueira. O local foi idealizado e concebido pelo Padre Ronoaldo Pelaquim, C.Ss.R.

Caminho do Rosário

Obras de Blas e Angela Servín

Unindo a **Cidade do Romeiro ao Porto Itaguaçu**, o **Caminho do Rosário** margeia o rio **Paraíba do Sul**, local do encontro da Imagem de Nossa Senhora Aparecida, em 1717. Seu percurso conta com **20 cenários** compostos por **128 esculturas** feitas pelos artistas paraguaios **Blas e Angela Servín e paisagismo de Jair Pinheiro.**

As cenas apresentam diversos momentos da vida de Jesus e de sua Mãe, desde a **Anunciação do anjo Gabriel à Virgem Maria** até a **Coroação de Nossa Senhora**. Ao observar as esculturas, o visitante é convidado a meditar os mistérios do Rosário, **"oração marcadamente contemplativa"** e a entrar **"em comunhão viva com Jesus - poderíamos dizer - através do Coração de sua Mãe"** (RMV,12).

As rosas brancas ao redor da imagem de Nossa Senhora no início do Caminho simbolizam a paz e a tranquilidade, qualidades maternas e objetivo dos peregrinos. Cada um dos trechos do Caminho do Rosário possui flores e plantas que agregam significado aos Mistérios do Rosário.

Nos **Mistérios Dolorosos**, o **Inhame Roxo** faz recordação do manto púrpura com o qual os soldados revestiram Cristo – na época, a cor significava realeza, e foi usada com ironia – (Mc 15,17), e a Oliveira figura como símbolo de sabedoria e purificação, tal como uma referência ao Getsêmani, o Horto das Oliveiras, onde Jesus experienciou sua agonia antes da Paixão (Lc 22,39).

Nos **Mistérios Gloriosos**, o **Apaganto Roxo** remete à **Assunção de Nossa Senhora** aos céus.

Nos **Mistérios Gozosos**, a **Romã** faz referência às gestações de **Maria e Isabel na cena da Visitação** (Lc 1,39), e a Caliandra e outras espécies vermelhas representam o pecado capital. A Helicônia Golden lembra a obediência de Maria e José às tradições judaicas quando se dirigiram ao templo para a Apresentação do Senhor (Lc 2, 22).

Nos **mistérios Luminosos**, a **Tamareira** representa a longevidade, a garantia e presença de vida e paz; e o **Capim do Texas Rubro** lembra a transformação da água em **Vinho nas Bodas de Caná** (Jo 2,1), assim como a **Cevada do Jardim**, um dos sete frutos de Israel (Dt 8,8), lembrança da necessidade de nutrição do corpo humano.

Saida

Basílica Histórica

A devoção à **Imaculada Mãe de Deus,** sob o título de Aparecida, teve origens modestas, apesar de sua grande força. Entretanto, já no século XIX, o grande fluxo de romeiros que se dirigiam à região fez com que uma nova igreja que pudesse comportar o número de peregrinos tivesse sua construção iniciada em 1834. Finalizada em 1888, ela é hoje conhecida como Basílica Histórica.

Localizada no **Morro dos Coqueiros** e conectada pela Passarela da Fé ao Santuário Nacional a uma distância de 400 metros, a Basílica Histórica tem um estilo marcadamente barroco. A fachada conta com duas torres, inauguradas em 1877. Também na fachada está uma placa que lembra a visita de Dom Pedro I a Aparecida, em agosto de 1822, pouco tempo antes de proclamar a Independência do Brasil. Acima de cada torre, uma esfera – símbolo da perfeição, retorno da criatura com o Criador, – com uma cruz – símbolo de orientação, e um galo – símbolo solar, anúncio do nascer do sol–, confeccionada por João Júlio Gustavo, recorda o despertar para a vida cristã.

ES · SITIENTES

O devoto que visita a Basílica pode observar no piso da entrada a representação do **Tintinábulo e do Gonfalone**, insígnias que se encontram no Altar-mor. Os dois objetos foram recebidos do Vaticano, após a elevação da igreja à **Basílica Menor pelo Papa São Pio X, em 1908**. Fragmentos de ossos atribuídos a **São Vicente Mártir**, santo espanhol do século IV, foram presenteados pela Santa Sé em 1910 e, atualmente se encontram na **Capela Lateral na Basílica**. Também ao longo deste espaço, os quadros da Via Sacra, pintados pelo Irmão Redentorista **Maximiliano Schmalz**, retratam em estilo neoclássico a paixão de Jesus e seu caminho ao Calvário.

Os vitrais perto do Presbitério relembram a Coroação de Nossa Senhora como Rainha do Brasil, em 1904, e a declaração de Nossa Senhora Aparecida como Padroeira do Brasil, em 1930, pelo Papa Pio XI. À frente, localiza-se o Altar-mor. Esculpido em mármore carrara e de estilo neoclássico, foi trazido da Itália e encontra-se no Presbitério, que fora finalizado em 1882.

No teto, pinturas relembram alguns dos primeiros milagres de Nossa Senhora Aparecida e que até hoje fortalecem a devoção dos peregrinos: o milagre do Escravo Zacarias, quando as correntes de um escravo caíram enquanto rezava à frente da Imagem de Nossa Senhora; o milagre da menina cega, quando uma peregrina cega de Jaboticabal (SP) pôde recuperar a vista quando chegava à Capela que abrigava a Imagem de Nossa Senhora; o caçador que escapou do ataque de uma onça após sua oração à Virgem Aparecida; a cena do afogamento do menino Marcelino que, logo depois de cair no rio Paraíba, sobreviveu após as súplicas de sua mãe e irmã a Nossa Senhora; e o da pesca milagrosa, retratando a ocasião em que a pequenina Imagem foi encontrada. No teto, também, pode-se observar uma representação de Aparecida na época da construção da Basílica Histórica.

Um **nicho em metal**, feito na Alemanha e doado em **1911**, abriga uma imagem fac-símile de Nossa Senhora Aparecida. Por muito tempo, abrigou a Imagem original, até 3 de outubro de 1982. Abaixo dela, um Brasão de Armas e uma oração pelo Brasil, nação que ela recebeu como Padroeira e que a coroou como verdadeira Rainha.

Lista de siglas e bibliografia

RVM = *Rosarium Virginis Mariae.*
Carta Apostólica do Papa João Paulo II (2002).

Outras obras

Encontramos outros artistas no complexo Santuário Nacional, como Chico Santeiro (Quadros na saída da Sala das Promessas retratando os primeiros milagres de Nossa Senhora), Beto Leite (Quadros das Madonas da América Latina entre outros), Pe. Inocêncio Pereira (Relógio do Sol), artesão Abel Rodrigues e equipe (Mesa do Altar Central), Candido Valverde S.L. Relojoaria industrial de Madrid (Relógio da Torre Brasília), Studio Del Mosaico Vaticano (Mosaico doado pelo Papa João Paulo II). Também encontramos vários artistas de renome no Museu Nossa Senhora Aparecida, como Victor Brecheret.

Além desses, Zé Demétrio (Monumento ao Romeiro, localizado no Caminho do Rosário), Creatos Arquitetura (Capela da Pesca Milagrosa, no Porto Itaguaçu), Gotfredo Thales (Escultura de São José, no Hall da Torre Brasília), Dr. Roberto Carlos Niemeyer, autor do Projeto da Passarela da Fé, Leo Santana (Imagem de Pe. Vítor Coelho de Almeida, no Centro de Eventos, e Nossa Senhora Aparecida, no início do Caminho do Rosário), Antônio Nóbrega (Monumento a Nossa Senhora do Perpétuo Socorro), Friul Mosaic (Nossa Senhora de Guadalupe), Germano Mariutti (Brasão Cardinalício de Dom Carlos Carmelo de Vasconcelos Motta) e Centro Aletti (Mosaicos nas Fachadas do Santuário).

São olhares que nos ajudam a contemplar o sagrado.

Perpétuo Socorro,
Tu és Mãe querida.
Teus filhos suplicam
socorro na vida."

NOSSA SENHORA DE GUADALUPE
ROGAI POR NÓS!

IN SINV JESV

Textos:
Cláudio Pastro
Wilma Tommaso
Pe. Antônio Clayton Sant'Anna, C.Ss.R.
Victor Hugo Barros
João Pedro Ribeiro Pena

Edição dos textos:
Tatiane Carvalho

Organização:
Daniele Souza
Tatiane Carvalho

Edição:
Daniele Souza

Fotos:
Thiago Leon - Santuário Nacional de Aparecida
CDM Pe. Antão Jorge - Santuário Nacional de Aparecida

Revisão:
Bruna Vieira
Pe. Rodrigo Arnoso, C.Ss.R.
Ana Lúcia Leite

Projeto gráfico:
Beatriz Mathídios e Lindomar di Palma
Departamento de Criação e Comunicação Interna do Santuário Nacional

Textos de Cláudio Pastro originalmente publicados na Revista de Aparecida, publicação da Família dos Devotos. Saiba mais: A12.com/familiadosdevotos.

Trechos bíblicos retirados da Bíblia de Aparecida, tradução de Pe. Raimundo Vidigal, C.Ss.R., publicada pela Editora Santuário.

2ª edição

SANTUÁRIO NACIONAL APARECIDA

EDITORA SANTUÁRIO

Impressão: Gráfica Santuário

Dados Internacionais de Catalogação na Publicação (CIP) de acordo com ISBD

B312 Basílica de Aparecida: a fé pela arte / Cláudio Pastro ... [et al.]. - Aparecida : Editora Santuário, 2023.
160 p. ; 22,5cm x 20cm.

Inclui bibliografia.
ISBN: 978-65-5527-293-2

1. Religião. 2. Cristianismo. 3. Basílica de Aparecida. I. Pastro, Cláudio. II. Tommaso, Wilma. III. Sant'Anna, Pe. Antônio Clayton. IV. Barros, Victor Hugo. V. Pena, João Pedro Ribeiro. VI. Título.

2023-332 CDD 240
CDU 24

Elaborado por Vagner Rodolfo da Silva - CRB-8/9410

Índice para catálogo sistemático:
1. Religião : Cristianismo 240
2. Religião : Cristianismo 24